A. LACASSAGNE

Professeur de Médecine légale...
Correspondant de...

LA SIGNIFICATION

DES TATOUAGES

CHEZ LES PEUPLES PRIMITIFS

ET DANS LES CIVILISATIONS MÉDITERRANÉENNES

Extrait des Archives d'Anthropologie criminelle,
de Médecine légale et de Psychologie normale et pathologique
(N°... octobre-décembre 19..)

LYON

IMPRIMERIE A. REY

A. LACASSAGNE

Professeur de Médecine légale à l'Université de Lyon,
Correspondant de l'Institut.

LA SIGNIFICATION

DES TATOUAGES

CHEZ LES PEUPLES PRIMITIFS

ET DANS LES CIVILISATIONS MÉDITERRANÉENNES

Extrait des *Archives d'Anthropologie criminelle,
de Médecine légale et de Psychologie normale et pathologique*,
n°s 226-227, octobre-novembre 1912.

LYON

IMPRIMERIE A. REY

4, RUE GENTIL, 4

1912

SIGNIFICATION DES TATOUAGES

CHEZ LES PEUPLES PRIMITIFS

ET DANS LES CIVILISATIONS MÉDITERRANÉENNES[1]

I

L'importance du tatouage, comme fait sociologique, a été à peine entrevue dans l'article du *Dictionnaire encyclopédique des Sciences médicales* de Dechambre. Elle est un peu plus précisée dans les mémoires des Drs Fouquet (1898), Bertholon (1904), Locard (1909), publiés dans nos *Archives*. Enfin, elle se trouve nettement indiquée par les hellénistes, élèves de l'Ecole d'Athènes, les travaux des professeurs Lechat (de Lyon) et P. Perdrizet (de Nancy).

Il y a vingt-cinq ou trente ans, on citait quelques passages des auteurs grecs ou latins, à titre de curiosité. Depuis, l'érudition et la science ont fait leurs preuves et montré comment ces recherches livresques et les constations d'anthropologie et d'archéologie préhistoriques concouraient à expliquer certains phénomènes sociaux des périodes les plus reculées de l'histoire.

Les dessins et tatouages sur la peau humaine, les graffiti ou tatouages pariétaires, les figures rupestres prouvent qu'en ces temps, comme de nos jours, la pensée humaine a exprimé, en s'extériorisant, quelques idées simples, toujours les mêmes, d'un symbolisme invariable. Voilà bien des traditions millénaires !

En différents points de la terre et à toutes les époques, un degré identique de développement social correspond à une floraison de sentiments artistiques et religieux. C'est aussi

---

[1] La première partie de ce mémoire a été lue à l'Académie des Sciences morales et politiques dans sa séance du 18 mai dernier et a paru dans le *Compte Rendu de l'Académie*, 8e livraison, août, p. 171-184.

Fig. 1. — Tamahous figurés sur le tombeau de Seti Ier.

C'étaient des populations de l'époque mycénienne. Les guerriers représentés sur le tombeau de Seti Ier avaient de nombreux tatouages. Ainsi, sur les bras, des lignes formant une croix, un bracelet près du poignet, deux ou trois lignes parallèles sur l'épaule gauche ; le symbole de Neït sur les bras, la jambe ou la cuisse ; un tatouage de forme quadrilatère avec damier ; des tatouages en triangle à base supérieure (Mém. de Bertholon, *Archives*, 15 octobre 1904).

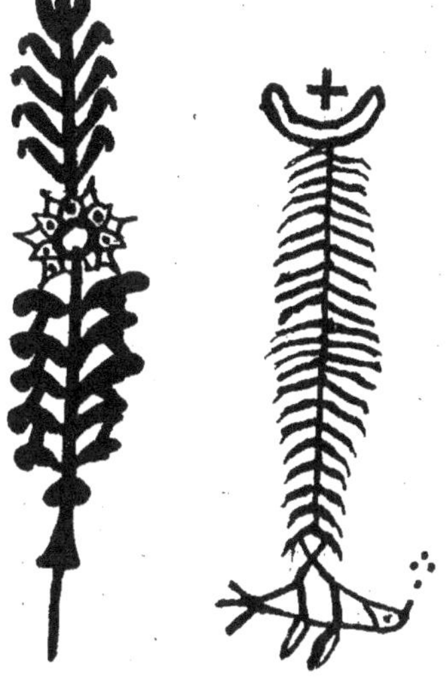

Tatouage de poitrine.

Ornementation
d'un
vase mycénien.

Tatouage de bras.

Tatouage de bras.

Autruches d'un vase
de Nagada.

Tatouage du bras d'un Tunisien
du Sud.

Scorpion : *a* poterie de Nagada,
b tatouage moderne.

Fragment d'enduit de Tirynthe.
(D'après Schliemann.)

Tatouage
en peigne.

Fig. 2. — Tatouages de l'Afrique du Nord (Mém. de Bertholon.)

l'expression évidente d'idées et d'actes dépendant d'une même cérébralité, tout à fait caractéristique d'un état fétichique.

La religion primitive, c'est-à-dire l'ensemble des pensées et des actes qui ont rapproché les hommes, est une manifestation de l'instinct conservateur : c'est le sentiment du besoin de protection et d'amélioration.

De là le mysticisme et l'indéfectible espérance qui se révèlent par les totems, les caractères idéographiques, les tatouages, des pratiques mythiques.

*
* *

Aux temps quaternaires[1], on a montré qu'il était fait usage de matières colorantes, rouge, jaune et noire que l'on trouve d'ailleurs dans les sépultures de l'âge du renne ; à ce moment, sur les cadavres, on appliquait des poudres colorées, surtout rouges ; ou bien les corps étaient décharnés et les os étaient peints en rouge.

A l'époque présolutréenne, on a trouvé de nombreuses substances colorantes. Celles-ci étaient broyées avec des cailloux dans des blocs présentant des godets, puis appliquées sur la peau avec une sorte de spatule à bec de flûte, ou conservées dans un tube en canon de renne.

Sur les squelettes de Menton, de Brünn (Moravie) on a constaté la coloration des os ou des grains de sanguine qui avaient saupoudré le corps. A Solutré même, du peroxyde de fer et du minerai de manganèse ont été recueillis.

Les trouvailles sont encore plus fréquentes dans les sépultures de l'époque magdalénienne, aux Eyzies, à Bruniquel, à Laugerie-Basse, à Font-de-Gaume, à Arlay (Jura), dans les cavernes de la Belgique.

Il est donc certain que les tribus de l'âge du renne employaient tous les produits de peinture corporelle.

Cette coutume devient encore plus fréquente à l'époque néolithique : ainsi à Baoussé-Roussé, à Chamblandes (Suisse), dans les grottes funéraires de la Ligurie et de la Russie.

---

[1] *Le Progrès aux temps paléolithiques* (introduction à l'étude de la Préhistoire), par le D'' Cançalon, Schleicher frères, éditeurs, 1907.

Partout, à côté des os humains, on rencontrait parfois dans des vases des substances colorantes, surtout de l'ocre rouge.

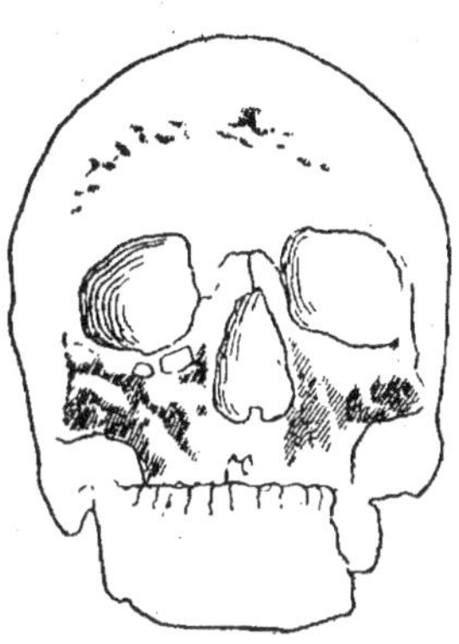

FIG. 3. — Crâne peint de Sgurgola.

Les os étaient souvent colorés avec celle-ci. En Espagne, on a trouvé de l'hématite et du cinabre. A Sgurgola, près de Rome, un crâne présentait les os de la face peints avec du cinabre, comme si la coloration des morts avait reproduit celle que présentaient les vivants.

Dès que l'âge de bronze est installé, dans le bassin de la Méditerranée, la peinture du visage et du corps n'existe plus.

En France, dans les statues-menhirs de l'Aveyron et du Tarn, décrites par l'abbé Hermet, sur les idoles en schiste du Portugal (voir fig. 14), on a constaté des tatouages de la face, constitués par des groupes de traits, en *portée musicale*. Ce sont là des sculptures anthropomorphiques comme celles des grottes de la Marne, des dolmens de l'Oise et du Gard. Dans nombre de ces sépultures, à côté du mort, on avait placé la matière colorante et des manches d'alène ou poinçons à tatouer ; ce sont des pointes de flèches, minces et aiguës comme une aiguille, ou bien de véritables aiguilles en bronze, et dont le manche est en pierre ou en os.

Le Dr Bertholon (de Tunis) a établi les origines néolithique et mycénienne des tatouages des indigènes actuels du Nord de l'Afrique. La pratique des tatouages chez ceux-ci est « un archaïsme prolongé ». Les cinquante-

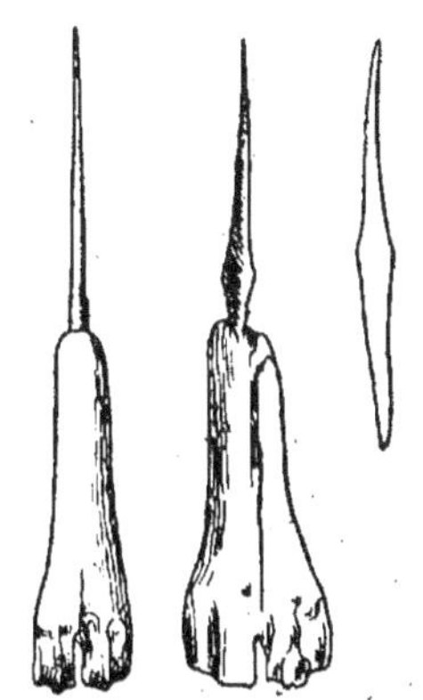

FIG. 4. — Alènes pour tatouage (âge du bronze).

sept figures de son mémoire montrent qu'à plus de trois mille ans de distance, les tatouages indiqués sur les figurines des tombeaux de Nagada se retrouvent de nos jours, avec les mêmes caractères, avec des dessins identiques, sur les mêmes parties du corps chez nos Berbères de l'Afrique du Nord, chez les Kroumirs. Il y a unité d'ornementation sur les deux rives de la Méditerranée. Le tatouage libyen donnant le symbole de Neït, la divinité de Saïs, est figuré par une navette : il se trouve sur des Tamahous représentés dans le tombeau de Seti Ier (XVe siècle avant notre ère). Ce tatouage symbolique ou religieux, sous forme d'un quadrilatère allongé, entre dans la plupart des tatouages indigènes modernes [1]. Ainsi, s'est transmis de génération en génération le tatouage libyen. Peu à peu, à ce symbole primitif, on a ajouté des ornements simulant bras, jambes et tête, d'où un aspect anthropomorphique. Bertholon a ainsi conclu : « Le tatouage moderne des Tunisiens se relie d'une façon très étroite, comme style et symbolisme, avec ceux des Tamahous de la XIXe dynastie égyptienne. »

Fig. 5. — Tatouage libyen donnant le symbole de Neït.

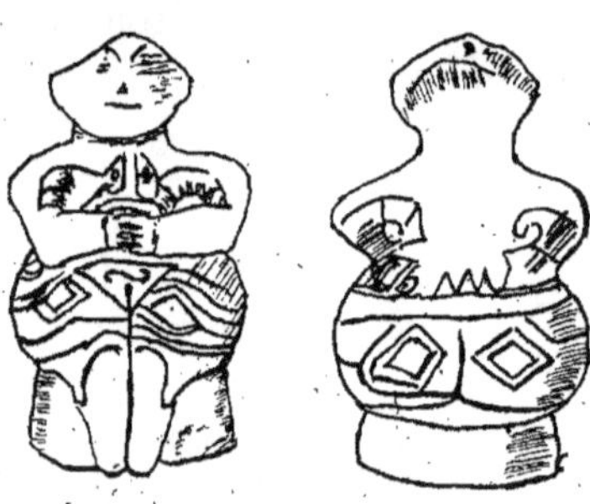

Fig. 6. — Figurines de Tordos.

Autour des seins, un tatouage en forme d'anneau. Sur l'ombilic, un triangle avec un S couché ; de chaque côté, lignes sinueuses et un losange. Dans le dos, dessins sur les omoplates ; deux lignes parrallèles à la ceinture, des dents de loup. Sur les fesses, un losange.

Ces hommes primitifs n'avaient pas une grande variété dans leurs dessins d'ornementation ; les mêmes types de lignes et de figures étaient employés dans la céramique, les dessins sur pierre, ou même pour les peintures ou tatouages qu'ils faisaient sur leurs corps.

Il est donc bien établi que, dans l'Europe orientale, au nord de la presqu'île des Balkans, dans la vallée du Danube et sur les bords de la mer Egée, il y avait à l'époque néolithique des races qui ont émigré dans l'Afrique du Nord, y transportant leurs coutumes, tels les mégalithes,

[1] Les Tatouages des Nègres du Congo français : leur origine et leur symbolisme, par le Dr Edmond-Vidal (*Arch. de Thérapeutique*, etc., 1er mai 1912).

les procédés d'inhumation, l'ensevelissement accroupi, le dé-charnement et la peinture en rouge des os, les types de poterie, les tatouages.

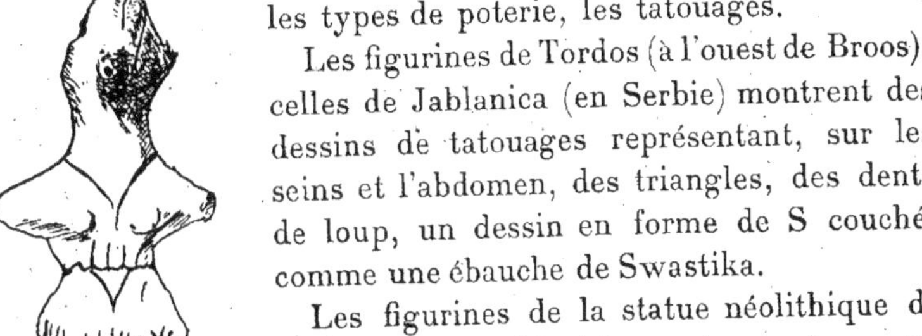

FIG. 7. — Figurine de Jablanica.

Sur l'abdomen, des trian-gles avec des traits perpendiculaires, comme le signe du peigne.

Les figurines de Tordos (à l'ouest de Broos), celles de Jablanica (en Serbie) montrent des dessins de tatouages représentant, sur les seins et l'abdomen, des triangles, des dents de loup, un dessin en forme de S couché, comme une ébauche de Swastika.

Les figurines de la statue néolithique de Coucouteni (Moldavie) représentent comme une peinture de corps : c'est l'ornementation de la céramique de cette époque. Ce sont les lignes courbes concentriques des dolmens de Bretagne et d'Irlande. Hérodote raconte qu'un peuple scythe, les Budins, habitant au nord de la mer Noire, se peignait tout le corps en bleu et en rouge. Virgile, dans ses *Géorgiques* (liv. II, v. 115) parlant des climats les plus opposés, cite les Arabes, *pictosque*

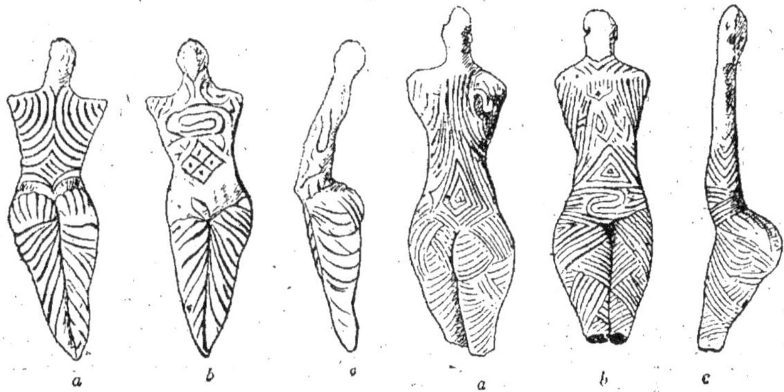

FIG. 8. — Figurines de Coucouteni.

Les nombreuses lignes indiquent un tatouage ou la peinture du corps. Sur l'abdomen : losange divisé en quatre avec point central, ou grand triangle avec triangles de plus en plus petits. Sur le dos, des lignes sinueuses concentriques, ressemblant à celles qui ornent le dolmen de Gavr'innis.

Gelonos : les Gélons étaient une peuplade sarmate des bords du Danube. Peut-être que ces peintures de tout le corps sont repré-sentées par les statuettes de Coucouteni. Quoi qu'il en soit, on

a établi par des fouilles dans les tumuli des Kourgouses de la
vallée du Danube ou du Sud de la Russie
que les peuples qui se peignaient ainsi tout
le corps avaient la coutume, après décharne-
ment, de peindre en rouge les os des morts.

Sur les rivages de l'Archipel, on a trouvé
des statuettes en terre cuite portant des
traces de peinture et des marques de tatouages, datant de l'époque du bronze, c'est-à-
dire, jusqu'aux temps homériques; or, il est
facile de calculer que de la guerre de Troie
à 1912, il s'est écoulé plus de 3.000 ans.

Ainsi, Schliemann a trouvé à Hissarlik
une statuette dont le buste porte des bandes
de couleur autour de l'attache des bras,
des seins, une autre statue de femme portant, dessiné sur les parties sexuelles, un
triangle au milieu duquel on a cru voir un Swastika[1].

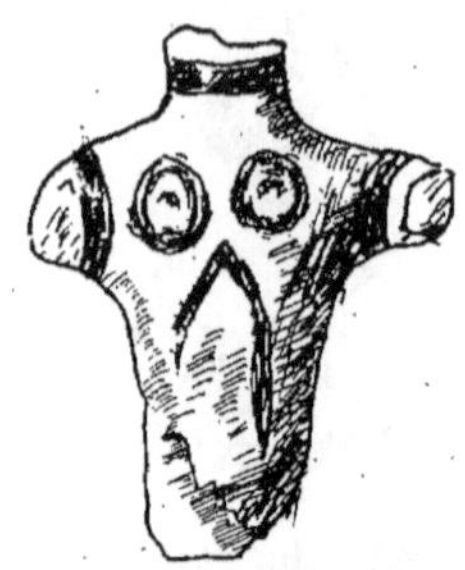

Fig. 9. — Figurine
d'Hissarlik.

Peintures du corps repré-
sentées par des bandes de
couleur autour des bras
et des seins. Au dessous,
deux côtés d'un triangle
en partie effacé.

Fig. 10. — Tête d'Amorgos.
Tracés de dessins de couleur rouge et
noire; rides ou cheveux sur le front. Lignes verticales sur les joues et le nez.

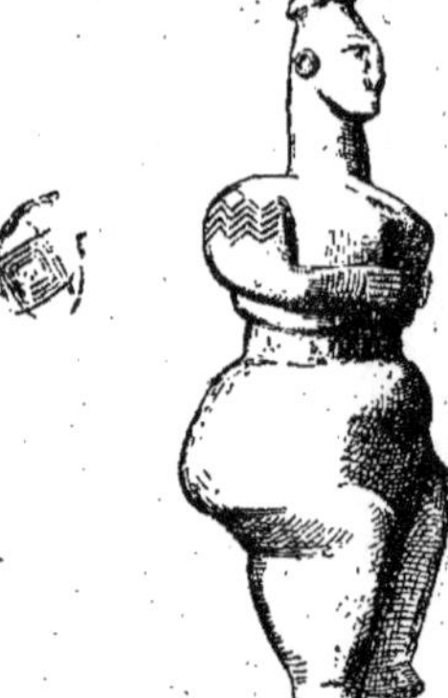

Fig. 11.
Figurine de Sparte.
Femme stéatopyge.

Dans une des Cyclades, à Amorgos, patrie de Simonide, on

[1] Consulter les travaux de Joseph Déchelette : *Manuel d'Archéologie préhistorique*, I, p. 466 ; La peinture corporelle et le tatouage *(Revue archéologique*,
1907, I, p. 38)* ; Une nouvelle interprétation des gravures de New-Grange et
de Gavr'inis *(l'Anthropologie*, XXIII, 1912). Nous avons emprunté à ces publi-

a mis au jour une tête tatouée : ce sont des traces de dessin en couleurs rouge et noire, avec des lignes rouges sur le nez et les joues. Dans ces tombes, fouillées par M. Dünber, les

corps étaient dans pie, et, à côté, instruments à

De même, la tête verte dans l'acro en 1896 et qui par notre ami le correspondant de tête a une hauteur

la position accrou- étaient placés des tatouer.

de femme décou- pole de Mycènes nous a été signalée professeur Lechat, l'Institut. Cette de 168 millimè-

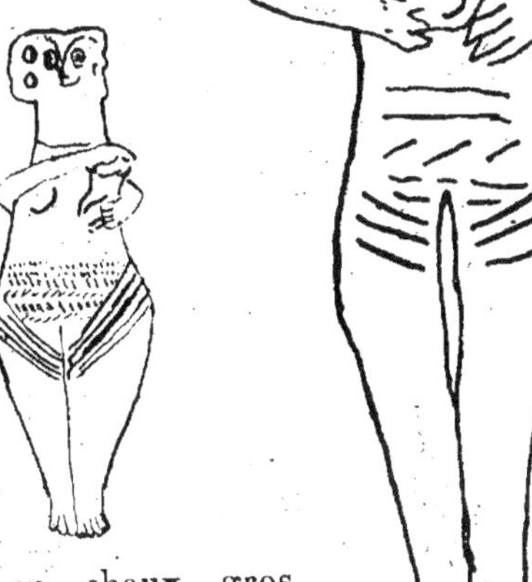

Fig. 12.
Figurines cypriotes.

tres, en chaux gros surface d'une mince pure sur laquelle on a date de 1500 à 1000 Voici la description du ture : au milieu du joues, et au milieu du colorié en rouge brun, cercle de petits points

sière, recouverte à la couche de chaux plus mis des couleurs. Elle avant Jésus-Christ. tatouage ou de la pein- front, sur les deux menton, petit ornement entouré lui-même d'un également rouge brun.

A Sparte, on a mis au jour une figurine représentant une femme stéatopyge, dans la position accroupie et portant au niveau du deltoïde droit un tatouage composé de quatre lignes en

cations les fig. 3, 4, 8, 14, 15, 16 que l'auteur et les éditeurs MM. A. Picard et Ernest Leroux ont bien voulu nous communiquer.

zigzags ou en dents de loup. Sur le bras gauche, un tatouage formé de losanges inscrits les uns dans les autres (fig. 11).

MM. Perrot et Chipiez, dans leur *Histoire de l'Art*, ont décrit trois statuettes de femmes nues tatouées provenant de l'île de Chypre, datant de deux mille ans avant notre ère (fig. 12). Comme sur les statuettes de Tortos et de Coucouteni, le tatouage est surtout abdominal avec des raies parallèles à la partie supérieure des cuisses. Il en est de même sur les figurines trouvées dans le temple mégalithique de Hagiar-Kim à Malte (M. Myres) et dans les fouilles pratiquées en Egypte, à Nagada et à Ballas, 30 kilomètres au nord de Thèbes, par MM. Flinders Petrie et Quibal (1896) (fig. 13).

Dans ces stations, des milliers de corps avaient été inhumés dans la position accroupie ; à côté d'eux, des statues stéatopyges et une figurine sans tête, couverte de tatouages. Ceux-ci rappellent ceux dont nous venons de parler, tels que des zigzags, des petites lignes en forme de V, des lignes brisées sur les bras, les jambes et

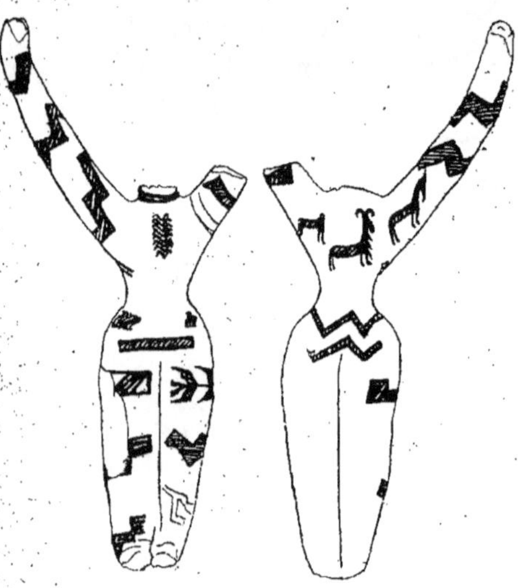

Fig. 13. — Figurine de Nagada.

le dos, deux lignes brisées parallèles sur l'abdomen.

Les motifs d'ornement sont identiques à ceux de la poterie primitive d'Europe et de la mer Egée. Pour la première fois, sont représentés des animaux, trois quadrupèdes, dont l'un est une gazelle tout à fait semblable à celle des indigènes actuels sur lesquels nous avons relevé ce tatouage.

*
* *

Les communications humaines se font par trois moyens : la mimique, la parole, l'écriture. Les manifestations variées de l'art du dessin qui viennent d'être indiquées sont comme les balbutiements du langage ou les ébauches d'une religion montrant leur nature sociale. Les hommes ont fait alors de longs et patients efforts pour communiquer, s'entendre, se rattacher les uns aux autres. Le langage et des idées communes étaient aussi nécessaires à l'existence de l'individu qu'à la durée de la collectivité.

Auguste Comte *(Pol. pos.*, t. II, ch. iv, p. 228[1], 235[2]) a émis une opinion confirmée par les recherches modernes : la sculpture, puis la gravure ont précédé la peinture. En effet, la sculpture imite, la peinture idéalise [3].

M. José Melila *(Rev. pol. et lit.*, septembre 1905) croit que, chez les peuples primitifs, la peinture et la sculpture n'existaient pas ensemble mais isolément. Ces deux arts ne sont pas nés en même temps et ils se sont développés chacun pour son propre compte.

Les Australiens, les Boschimen de l'Afrique du Sud, de nos jours, se livrent exclusivement à la peinture et les parois de leurs cavernes sont enluminées de dessins en couleurs, semblables à ceux qu'on a relevés dans les grottes de l'Europe occidentale.

Dans des peuplades du sud-est de la Sibérie, les Tschukstchis, on trouve des sculpteurs assez artistes. Nordenskiold s'exprime ainsi à leur sujet : « Cette peuplade, encore aujourd'hui à l'âge de pierre, n'a eu que peu de relations avec l'Européen et ces rapports n'ont pu modifier servilement le goût et les aptitudes des indigènes. Leurs travaux artistiques sont donc très intéressants au point de vue de l'histoire des progrès de l'Art. »

Il semblerait que là où il y a de la végétation, il y a des peintres. Les sculpteurs se révèlent, chez ces peuples sauvages, lorsqu'il y a absence de végétaux, quand la terre est nue, comme il est arrivé à la période glaciaire.

La sculpture aurait donc précédé la peinture et celle-ci s'est montrée quand l'humanité, après avoir été nomade et chasseresse,

[1] Il dit que l'organe cérébral du langage ne peut employer que deux signes extérieurs, l'un s'adressant à la vue, l'autre à l'ouïe. La mimique primitive n'a plus été en usage, « quand elle a suffisamment engendré les deux principaux arts de la forme, d'abord la sculpture et ensuite la peinture ».

[2] « Quand la mimique a donné naissance à la peinture, ou même d'abord à la seule sculpture, cette assistance normale s'accomplit naturellement par des dessins ou des reliefs destinés à conserver l'équivalent des principales formules. De là résulte la première écriture humaine, constituant un système complet de signes visuels, parallèle à celui des signes vocaux, et s'y substituant au besoin pour en transmettre les résultats essentiels. »

[3] Joseph Déchelette, *Manuel d'Archéologie préhistorique*, etc. (t. I, p. 201 à 273 ; 565 à 615), 1908.

est devenue sédentaire et agricole. Alors, ont commencé les pratiques de la peinture du corps, des tatouages, des dessins sur les parois ou sur les roches.

Après les travaux de Boucher de Perthes concernant l'homme quaternaire, ceux d'Edouard Lartet et de Christy (1863), d'autres savants ont révélé par les dessins et peintures murales dans les stations de la Vezère ou dans les grottes de la Dordogne des manifestations d'art à l'époque du renne, au début du quaternaire supérieur.

Pendant cette période Aurignacienne, on vit apparaître,

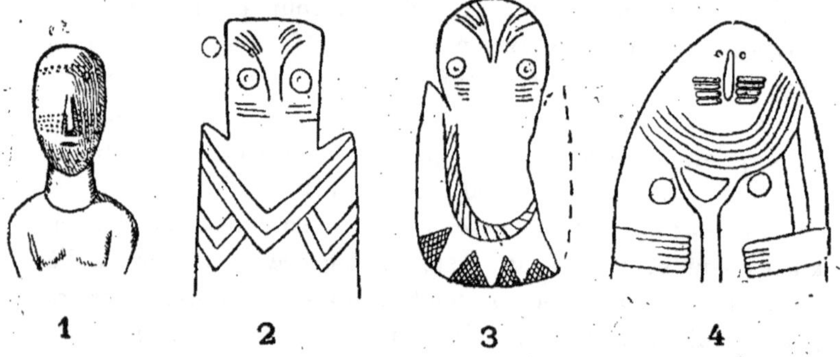

FIG. 14. — Idoles tatouées.

1. Sériphos (Grèce); 2, 3. Plaques en schiste du Portugal ;
4. Statue-menhir de Saint-Sernin (Aveyron).

d'après M. Piette, des débuts de sculpture en ronde bosse : c'étaient des statuettes humaines.

Plus tard, des sculptures en bas-relief ou des gravures représentent surtout des animaux vivant à l'époque magdalénienne, ainsi des chevaux aux Eyzies, et, dans le voisinage, les bas-reliefs de Laussel mis à jour l'hiver dernier, par le Dr Lalanne[1]. Ce sont, d'après M. Capitan, de très anciennes représentations humaines, une d'elles est recouverte de peinture rouge. L'antiquité de ces pierres sculptées est au moins de quinze millénaires.

Les essais de peinture se montrèrent ensuite, unis à la gravure,

[1] Dr Capitan, les Bas-reliefs à figurations humaines de l'abri de Laussel, avec 11 fig. (*Revue anthropologique*, p. 316, 1912).

comme on le constata en 1878 dans la superbe caverne d'Altamira, près de Santander (Espagne).

Puis vinrent, successivement, les découvertes de gravures picturales dans la grotte de Mouthe (Dordogne), par Rivière en 1895, ceux de la grotte de Pair-non-Pair (Gironde), par M. Daleau en 1896 : ces dessins ont été faits à l'époque Aurignacienne.

On a ainsi relevé 50 grottes (30 en Espagne, 19 en France, 1 en Italie) aux parois recouvertes de dessins ou de gravures. MM. Emile Cartailhac et l'abbé Henri Breuil, en 1902, les ont indiquées : la caverne d'Altamira, la plus étonnante de toutes les grottes avec images coloriées, a été spécialement étudiée.

Il est donc établi qu'aux périodes Aurignacienne, Solutréenne et Magdalénienne[1], des manifestations esthétiques d'un art assez avancé se sont montrées sous forme de sculpture en ronde bosse, en bas-relief, de figures incisées ou peintes, de signes plus ou moins géométriques (lignes et points), de graffiti ou de tatouages pariétaires.

*
**

Nous allons voir qu'aux périodes suivantes on constate la peinture ou la coloration de tout le corps ou d'une partie, d'incisions ou de tatouages sur la face ou dans une région spéciale.

Dans le Périgord (aux Eyzies), près des Pyrénées (Hautes-Pyrénées, Haute-Garonne, Ariège), en Espagne (Pyrénées cantabriques (Altamira), Bas-Aragon, Catalogne, Estrémadure), on rencontre des grottes ornées et des rochers recouverts de dessins.

La *Revue Tunisienne* (1902 et 1903) a publié les travaux de M. Flamand et du capitaine Maumené. Le premier s'est occupé des pierres écrites de Berbérie (quelques-unes sont préhistoriques et représentent des animaux du Nord de l'Afrique). Le second observateur a décrit des dessins et peintures de rochers, de caractère néolithique, provenant de la région située entre Laghouat et Géryville. « C'est, pendant plus de 100 mètres, une suite ininterrompue de buffles, d'éléphants et de chevaux. » M. L. Jacquot, en étudiant les *dessins rupestres de Tiout*, signale l'analogie de ces dessins avec des figures semblables au Transvaal.

[1] Il a été fait alors des sculptures et des gravures sur os, corne et ivoire.

Partout sur notre planète, et à tous les âges de l'Histoire, à un premier degré de développement social correspond une floraison artistique, véritable manifestation d'idées, d'actes et de sentiments, dépendant de la cérébralité caractéristique d'un état fétichique.

Les dessins de troglodytes se trouvent dans des cavernes obscures, sur des parois lisses ou rugueuses; tantôt il y a une ou deux figures, d'autres fois celles-ci sont nombreuses, superposées, comme faites par plusieurs générations. Des voûtes sont complè-

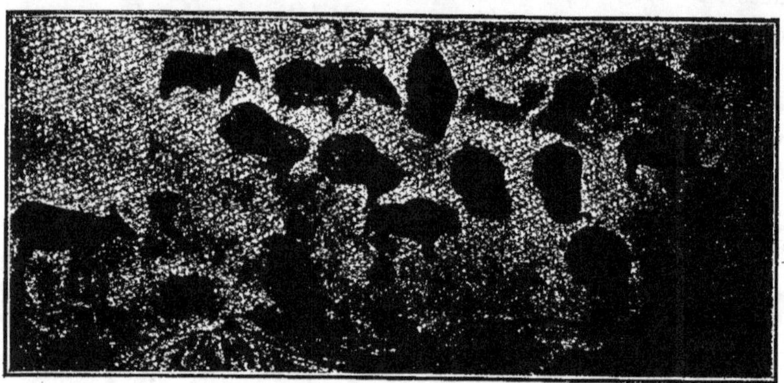

Fig. 15. — Peinture du plafond de la grande salle d'Altamira ; longueur, environ 14 mètres.

tement recouvertes ; ainsi, il y a une trentaine d'animaux sur une coupole d'Altamira que l'on a désignée du nom de « la Chapelle Sixtine de l'art quaternaire ». Ces dessins d'animaux varient dans leurs dimensions : il y a un bison sur les parois de la grotte de Font-de-Gaume (Dordogne), qui a près de 2 m. 70 de long ; le plus souvent, les dessins sont plus petits, quelques-uns ont les dimensions d'une miniature.

Ces dessins ou figures peuvent se diviser en trois classes assez nettes : animaux, figures et mains humaines, emblèmes mythiques.

Nous emprunterons à M. Franck Delage (Chez les troglodytes : un art mystérieux, *Mercure de France*, septembre 1910) quelques détails précis sur ces catégories de dessins.

La première, celle des *animaux*, représente une grande variété :

beaucoup de mammifères, mais le chien n'est pas représenté ;
une seule grotte renferme des images de poissons ; aucun oiseau ;
pas de végétaux. Les espèces les plus anciennes (mammouth, rhi-
nocéros, ours) figurent dans les grottes du Périgord ; dans celles
des Pyrénées et surtout des Sierras, on trouve des figures de cerfs
et de bœufs.

La deuxième catégorie où des *figures humaines* sont moins
bien dessinées, peu nombreuses (seulement dans huit cavernes).
On relève des croquis de têtes mal venues, incomplètes ou
grotesques ; de même le reste du corps difforme. Les organes
génitaux mâles ont tous des dimensions exagérées, un gros
phallus est peint en rouge.

Il y a aussi des *mains* humaines sur les parois ou au plafond :
à *Gargas* (Hautes-Pyrénées), on en compte 150. Les mains gauches
sont de beaucoup plus nombreuses que les droites, dans la pro-
portion de 10 à 1. Doit-on conclure qu'en plein Quaternaire,
l'homme était surtout droitier ?

La troisième classe de ces dessins est constituée par des *lignes
et des points :* ce sont des signes conventionnels ou géométriques
d'après Franck Delage. Ils sont pour nous de la plus haute importance : nous les retrouvons reproduits dans les tatouages primitifs et ils ont persisté jusqu'à notre époque dans les tatouages de
l'Afrique du Nord. En 1881, dans notre premier mémoire sur les
tatouages, nous avons décrit ces tatouages chez les Arabes,
l'article de Bertholon a établi leur véritable filiation.

Nous pensons que ces signes représentent des *emblèmes mythiques*. Ce sont des groupes de lignes parallèles, des traits rayonnant
d'un centre, des triangles en forme de toit, des figures en forme
de boucliers, en dents d'un peigne, en échelle incurvée, en
massue, en flèches ou harpons, en croix, des entrelacs de lignes
parallèles et contournées, puis des groupes de points, gros ou
petits, en séries ou en lignes, en bandes, en cercle ou ovale.
Comment expliquer ces dessins ? On peut croire que ce sont des
emblèmes, des symboles, des représentations idéographiques.
Ne seraient-ce pas des pratiques magiques en relation avec le
totémisme. On ne saurait y voir de la fantaisie, un jeu, une dis-
traction : il est bien plus probable que ces dessins ou ces emblèmes
étaient importants et utiles. Ils représentaient la descendance ou

l'étiquette de la tribu, de la collectivité, ou bien ils signifiaient une sorte d'emprise de tel ou tel animal. Ces cavernes étaient alors comme des sanctuaires et des temples, où, peut-être, se réunissaient les hommes des sociétés totémiques, aux sentiments fétichiques, attachés aux mêmes pratiques cultuelles et religieuses. Tel était alors l'ensemble des traditions anciennes.

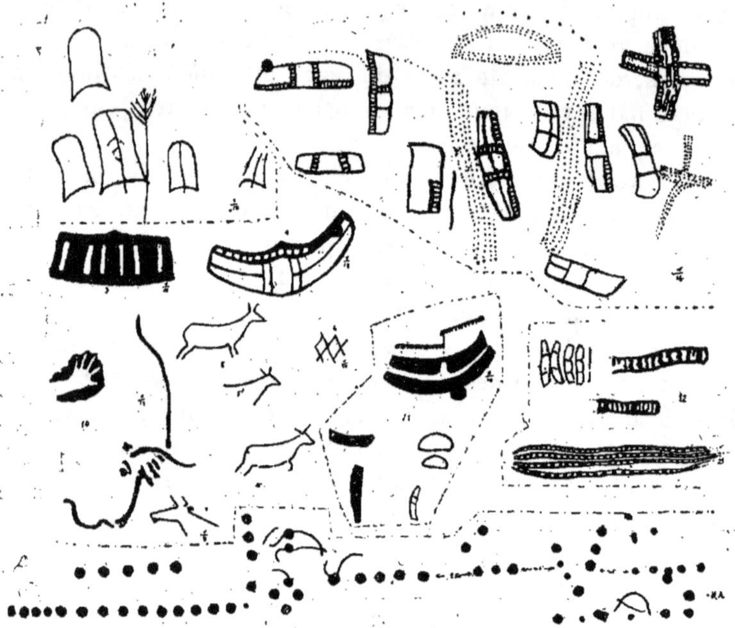

Fig. 16. — Signes divers et figures d'animaux.
Caverne de Castillo (Espagne).

Sur les parois de ces cavernes est tracée une sorte de « Bible », le livre unique du troglodyte.

Les prémices de la morphologie sociale se trouvent dans ce *sepulchretum* des temps passés. Mais l'existence collective, passagère ou permanente dans ces grottes indique une organisation morale et religieuse.

Les phénomènes psychiques chez un primitif tiennent à la participation à un même totem : l'animal ou sa représentation sur les parois de la caverne sont une même substance. Les choses se transforment ainsi en idées. Par cette transfiguration, sous une forme idéalisée, ces représentations aident à former les premiers éléments de la morale, d'une religion, du droit. C'est bien de l'idéalisme, et, dans la vie sociale, les facteurs d'ordre psychique sont plus importants que les facteurs d'ordre matériel : la science de la morale est surtout une science sociale.

L'idéal résulte de la conscience collective et doit s'exprimer, chez ces natures primitives, par des manifestations ou des signes extérieurs à l'individu, c'est-à-dire par des emblèmes, des tatouages, des figures ou images, reproduits sur la peau, dans les cavernes ou sur des rochers, dans les lieux de séjour de la collectivité. Toute société a un idéal moral indépendant de son organisation, de sa structure et de la morale d'un individu.

Chez les peuples primitifs, les phénomènes sociaux se confondent avec les phénomènes moraux et religieux.

L'animal ou le totem est l'emblème, le signe de la collectivité, à la fois symbole religieux et drapeau de la conscience collective. « La religion, dit Durkheim, est une chose éminemment sociale. Les représentations religieuses sont des représentations collectives qui expriment des réalités collectives ; les rites sont des manières d'agir qui ne prennent naissance qu'au sein des groupes assemblés et qui sont destinés à susciter, entretenir ou refaire certains états mentaux de ces groupes ».

Le tatouage de l'homme primitif est de même la marque de l'affiliation, un signe de reconnaissance, l'amulette immuablement attachée à l'individu, le préservatif de tous les maux, le symbole qui se trouve même reproduit sur la stèle de sa tombe.

Linné a qualifié l'espèce humaine du nom d'*Homo sapiens*.

Après ce qui vient d'être exposé sur le tatouage chez les peuples primitifs, il apparaît qu'alors toute collectivité humaine se caractérisait par le besoin d'un lien moral. L'espèce humaine mériterait donc d'être désignée sous le nom plus exact d'*Homo religiosus*.

II

Suivons, au point de vue qui nous occupe, les transformations de ces coutumes dans des milieux sociaux différents de l'âge des cavernes.

Quand les hommes se furent construit des demeures, les agglomérations se formèrent : il y eut alors consécration des coutumes précédentes avec transformation et adaptation au nouveau genre de vie.

Il résulte des documents dont nous allons parler, qu'à des époques reculées, plus de deux mille ans avant notre ère, dans les civilisations égéennes, égyptiennes, chez les peuples des rivages méditerranéens, l'art de marquer la peau et de la colorer est aussi répandu que l'art de tailler le silex aux périodes précédentes.

Mais, à tous les moments de l'histoire, le tatouage est un rite religieux ou un symbole hiératique, une consécration. Nous le verrons avoir une origine totémique, être le préservatif des maux, porte-bonheur ou amulette, et même signe de flétrissure ; ou bien encore un tatouage de famille, sorte d'état civil, tatouage de caste et emblème professionnel.

Dans une étude sur « Géta, roi des Edones[1] », le professeur Perdrizet rapporte une citation d'Artemidore qui, dans sa *Clef des Songes*, prétend que les Thraces de bonne famille tatouaient leurs enfants ; chez les Gètes, seuls les esclaves étaient tatoués.

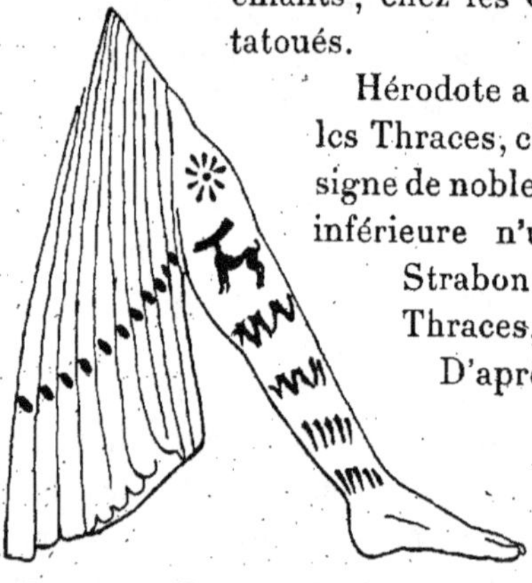

Hérodote a fait la même constatation pour les Thraces, chez lesquels le tatouage était un signe de noblesse, alors que les gens de qualité inférieure n'usaient pas de ces marques.

Strabon signale le tatouage chez les Thraces, les Japodes et les Illyriens.

D'après Dion de Prouse, une femme thrace, de naissance libre et portant des tatouages, était estimée et considérée comme issue d'une grande famille. Perdrizet croit que cette pratique du tatouage était très ancienne et spécialement employée par les femmes thraces. Les hommes, sauf dans quelques tribus, n'étaient pas tatoués. On a raconté que c'était pour punir

Fig. 17. — Tatouage des Bacchantes

(Art. Nota, *Dict. des Antiquités*, Daremberg et Saglio.)

---

[1] *Bulletin de Correspondance hellénique* (janvier-avril, p. 110, 1911).

celles-là de la mort d'Orphée, ou bien que les femmes thraces, après ce meurtre, furent prises de repentir, et, pour se souvenir du crime, se tatouèrent. Les vases antiques du ve siècle montrent des Ménades ou femmes Thraces tatouées, portant l'image d'un faon sur la jambe, ou plus souvent sur le bras. Le faon était un symbole dionysiaque : dans l'orgie bachique, les Ménades le dépeçaient vivant et le dévoraient cru. Les hommes initiés aux mêmes mystères avaient une feuille de lierre tatouée sur le front. Chez les Thraces, ces deux tatouages distincts montrent l'existence de sex-totems.

Remarquons encore que, chez ces Thraces, le tatouage était une preuve de bonne naissance, de naissance libre ; ils étaient portés par les bien nés, les « ingenus ». Le tatouage ne constituait pas un ornement, mais un symbole religieux, la marque indélébile qui consacrait ces « ingenus » au dieu de la tribu. Perdrizet ajoute que certains de ces « ingenus » avaient des noms rappelant les tatouages. Hérondas parle d'un tatoueur (stiktès), qui s'appelait Kósis : « Dis à Kósis le tatoueur de venir avec ses aiguilles et du noir. »

Dans une autre étude [1], Perdrizet fait voir que la plupart des inscriptions de la région pangéenne concernant le culte de Dionysos proviennent des tombeaux. Bacchus était aussi un dieu d'outre-tombe et les morts espéraient qu'il leur procurerait la résurrection. A ces natures primitives, l'idée de la mort complète était inadmissible : ainsi se procuraient-elles des motifs d'espérance. On croyait que des mystères se célébraient de même chez les morts, comme l'indique bien une épitaphe d'enfant découverte à Doxato. Cette inscription parle de *stigmatæ mystides* pour indiquer que les Naïades qui recevront le Dionysiaste dans la prairie d'outre-tombe sont marquées ou tatouées du signe mystique.

Ce témoignage n'est-il pas la preuve que, pour les Thraces, le tatouage était, non un simple ornement, mais bien un rite reli-

---

[1] D'après le professeur de Nancy, dans « le Fragment de Satyros » (*Revue des Études anciennes,* t. XII, 1910, p. 235 et 244): Philopator, très dévôt au culte de Dionysos, dans son voyage à Jérusalem, fut frappé de paralysie au moment où il voulait pénétrer dans le temple. De retour à Alexandrie, il se vengea sur les Juifs d'Egypte, en ordonnant que ceux-ci seraient recensés et marqués au fer rouge soit d'une feuille de lierre, soit au type du lis, signe du tympanon dionysiaque.

gieux. « Le tatouage chez les primitifs, dit P. Perdrizet, est une consécration ; le fidèle reçoit sur sa peau la marque indélébile du dieu auquel il est censé appartenir, comme une pièce de bétail reçoit sur sa robe la marque de son propriétaire, ou comme un esclave est marqué au chiffre de son maître. »

.Nous avons dit que les femmes, les Ménades, étaient tatouées au signe du faon ou du chevreau. Les hommes portaient, tatouée sur le front, une feuille de lierre : les Thraces prétendaient que le dieu aimait à prendre la forme de ce végétal. C'est ce signe qu'avait Ptolémée Philopator, dionysiaste fanatique[1]. Et, comme la stèle est pour ainsi dire le représentant du défunt, elle était marquée du signe sacré du lierre. Ces peuples, on s'en aperçoit par cette coutume, étaient fort préoccupés de la vie future. Ces images, sur la stèle, étaient sans légende, parce que tout le monde en comprenait le sens, symbole d'espérance, comparable à la croix dont les chrétiens surmontent les tombes de leurs morts [2].

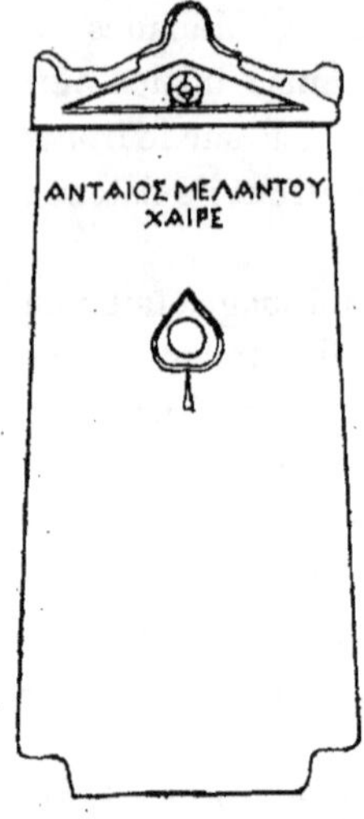

Fig. 18. — Tatouage à la feuille de lierre sur une stèle d'Erythrées.

(Paul Perdrizet, « Cultes et mythes du Pangée », *Annales de l'Est*, 1910, p. 98.)

[1] On trouve les indications de ces tatouages de Thraces dans *Hérodote* (V, 6, 2) : «Chez les Thraces, être tatoué est un signe de noblesse; ne pas l'être, un signe du contraire. » — *Aristophane* (dans « les Babyloniens ») appelle les fronts des esclaves fronts « danubiens », parce que les esclaves portent des marques; car les habitants des rives du Danube se tatouent et font usage de signes. — *Cléasque de Soles*, auteur du début de l'âge Alexandrin, cité par Athénée : « Les femmes des Scythes marquaient le corps des femmes des Thraces, qui habitaient près d'elles à l'occident et au nord, en introduisant de la couleur à l'aide d'aiguilles. Aussi, un certain nombre d'années plus tard, les femmes thraces qu'elles avaient outragées effacèrent à leur façon le souvenir de leur malheur: elles couvrirent de dessins le reste de leur personne, afin que la marque de l'outrage et de la honte imprimée sur elles, étant comprise désormais dans une bigarrure, passât pour ornement et n'eût plus rien d'insultant. » — C'est, on le voit, un exemple curieux de ces tatouages que, nous avons dénommés : *tatouages surajoutés* ou *surchargés*. - *Plutarque* (De numinis vindicta) : « Et je ne parle pas des Thraces; je ne dis pas que, jusqu'à maintenant, vengeant Orphée, ils marquent leurs propres femmes. » — Nous devons à l'obligeance de notre collègue, M. le professeur Legrand, la traduction des auteurs grecs ci-dessus.

[2] Consulter sur ce sujet, pour les sépultures gauloises : le mémoire de Nolhac

Après avoir montré, dans d'autres publications, qu'un thème folklorique se répercute d'une religion dans une autre, à travers les siècles, M. le professeur Perdrizet[1] étudie une des fameuses stèles d'Epidaure.

Sur cette stèle, il est raconté que Pandare le Thessalien, dont le front portait des tatouages ou stigmates, s'endormit dans le temple. Le dieu lui banda le front, avec la recommandation, au sortir du temple, dès le matin, d'enlever le bandeau. En effet, Pandare ôta la bande et sur celle-ci il trouva les lettres qui, avant, étaient sur son front. Il la consacra dans le temple, et, pour remercier le dieu d'Epidaure, confia l'argent à Echédore, qui le garda. Dans son sommeil, le dieu lui demanda l'argent remis par Pandare comme offrande au sanctuaire. Echédore dit n'avoir rien reçu, mais promit au dieu que, s'il était débarrassé de ses stigmates, il consacrerait, en ex-voto, une image représentant sa guérison. Le dieu mit sur le front d'Echédore la bande de Pandare. Quand Echédore, le matin, alla se laver à la source voisine, il vit, en se regardant dans l'eau, que sur son front, outre les stigmates anciens, il y avait, en plus, le tatouage de Pandare.

Donc, par la volonté d'Asclépios, les *stigmata* ou *grammata* de Pandare s'attachent au bandeau et s'impriment sur le front d'Echédore : il y a détatouage de l'un, et tatouage surchargé pour l'autre.

*
* *

Dans l'antiquité, il y avait trois procédés pour appliquer des marques persistantes *(karassein, karagma) : par cautérisation (egcaiein, causteriazein,* en latin : *nota, stigmata* et *stigma,* le fer à marquer s'appelait cauter, karacter); *par scarification* (chez les Beni-Israel (viie siècle), en Syrie, Phénicie, Moab (viiie siècle);

(De la hache sculptée au haut de plusieurs monuments funèbres antiques et des mots « sub ascia dedicavit », etc.), Lyon, 1840 ; pour les sépultures égyptiennes et chrétiennes : le travail d'Alfred Maury (Recherches sur l'origine des représentations figurées de la psychostasie ou pèsement des âmes et sur les croyances qui s'y rattachaient) *(Rev. Archéolog.* du 15 juillet 1844 : Osiris, Mercure-Hermès, saint Michel.)

[1] Paul Perdrizet : la Miraculeuse Histoire de Pandare et d'Echédore, suivie de recherches sur la marque dans l'antiquité *(Archiv für Religionswissenchaft,* Band XIV, 1911).

par tatouage (tatouer se disait *stizein*, d'où *stigmata*, *stigon*, *stigmatias*, *stigeus*, *stictes*).

Ajoutons qu'il y avait différents types de fer à marquer, soit pour les esclaves, les prisonniers de guerre[1] (Darius fit marquer au fer rouge des lettres cunéiformes sur le front de quatre mille prisonniers grecs ; Xerxès fit de même pour les Thébains transfuges après l'affaire des Thermopyles), soit pour marquer les animaux (les chevaux de pur sang étaient marqués du *coppa* ou du *san ;* le Bucéphale d'Alexandre devait son nom à la marque en forme de tête de bœuf qu'il avait sur sa robe. Un chien de police, chargé de la garde du sanctuaire, s'appelait Kapparos à cause d'un kappa dont il était marqué).

Nous avons d'autres preuves de l'antiquité de ces tatouages qui semblent dater des premières civilisations méditerranéennes.

Dans nos *Archives*, en 1898, le Dᵣ Fouquet (du Caire) a publié un mémoire sur « le Tatouage médical en Egypte dans l'antiquité et à l'époque actuelle ». Son observation concerne la momie d'une prêtresse d'Hathor, découverte en 1891 par M. Grébaut. Cette dame Ameut vivait à Thèbes, il y a cinq mille ans, sous la XIᵉ dynastie. La momie porte sur le ventre des tatouages bleus ou des cicatrices blanches qui sont le résultat d'un traitement institué pour une affection du petit bassin. Ce tatouage médical était aussi par son dessin probablement en rapport avec des pratiques magiques ; la figure est publiée dans les *Archives.*

Dans le tatouage religieux, cette marque d'un dieu était un préservatif contre les maux et la preuve visible de l'initiation aux mystères du culte par l'image du symbole.

Sur les prisonniers de guerre, cette marque indiquait la prise par le dieu ; sur les criminels, le cachet d'infamie que ce même dieu leur avait imprimé. Ce tatouage spécial était un porte-bonheur ou une amulette, d'autres fois une flétrissure.

Chez les Thraces, il avait, semble-t-il, une origine totémique : c'était le faon pour les femmes, la feuille de lierre sur le front

---

[1] Pendant l'expédition de Sicile, quelques Athéniens, prisonniers des Syracusains, furent marqués d'un cheval au milieu du front. En 440, pendant la guerre entre Athènes et Samos, les prisonniers athéniens reçurent sur le front la marque d'un vaisseau de guerre, les prisonniers samiens d'une chouette, c'est-à-dire l'emblème de l'adversaire.

des hommes. Les Bretons avaient le corps recouvert de tatouages représentant de nombreux animaux. Perdrizet dit que le fils d'Antigone fut reconnu à un tatouage de serpent : c'était le totem de sa tribu.

Flaubert, après le désastre du camp d'Autharite, décrit le champ de bataille où tant de mercenaires ont trouvé la mort, et signale l'état des cadavres. Il décrit d'abord la marche de la putréfaction, différente sur les corps des hommes du Nord ou sur ceux des Africains, puis il insiste sur le caractère des signes pouvant établir l'identité de ces cadavres, d'origine si différente, par la variété des tatouages qui représentaient des totems ou une marque de tribu: « On reconnaissait les mercenaires aux tatouages de leurs mains : les vieux soldats d'Antiochus portaient un épervier ; ceux qui avaient servi en Egypte, la tête d'un cynocéphale ; chez les princes de l'Asie, une hache, une grenade, un marteau; dans les Républiques grecques, le profil d'une citadelle ou le nom d'un archonte ; et on en voyait dont les bras étaient couverts entièrement par ces symboles multipliés qui se mêlaient à leurs cicatrices et aux blessures nouvelles[1]. »

*
* *

La Grèce classique, celle des temps homériques, avec son admiration pour la beauté physique, n'adopta pas la pratique du tatouage. Elle l'admettait chez les Barbares et tatouait même ses esclaves. Aucun texte n'indique la fréquence des tatouages chez les criminels, comme on le voit de nos jours. Cependant, Cicéron, dans le *De Officiis*, dit que le sicaire d'Alexandre, tyran de Phères, était tatoué des pieds à la tête *(barbarum et stigmatiam, compunctum notis Thraeciis);* mais c'était, dit le texte, un esclave thrace, et Perdrizet observe avec raison que ces tatouages révélaient plutôt une origine ethnique.

Le tatoueur, *stictès*, employait des poinçons et des aiguilles en fer, probablement semblables à ceux qu'on a trouvés dans les tombes préhistoriques. D'après le professeur de Nancy, les

---

[1] *Salammbô*, ch. XII : l'Aqueduc, p. 280, édition Conard.

piqûres étaient d'abord faites *(vulnera ferro præparata)* (Pétrone);
puis on versait une espèce d'encre *(mélan)* qui était bue par les
lettres inscrites *(litteras bibebant).* Il est difficile d'admettre que
les piqûres faites avec des aiguilles aient laissé une ouverture
pour la pénétration de l'encre ; il paraît plus probable qu'après
avoir versé l'encre, avec un jeu d'aiguilles trempé dans celle-ci,
le tatoueur repiquait le dessin.

Pétrone ajoute qu'à l'esclave qu'on allait marquer on rasait
d'abord la barbe, les cheveux (parfois une moitié de la tête) et les
sourcils ; on lui rivait ensuite aux pieds la double boucle
(compedes) et il était envoyé à l'ergastule, au moulin ou aux
mines.

Un *stictès* habile pouvait tatouer des caractères du type des
lettres onciales des manuscrits. Il était possible d'écrire sur le
front de l'esclave coupable l'*epigramma fugitivorum* qui, marquée
au fer rouge, était les lettres Φ ou F. D'autres fois on tatouait la
formule *cave a fugitivo* ou même celle qui était gravée sur le
carcan de ces esclaves : *Tene me quia fugi, et revoca me domino
meo.* Et ce qui montre bien la considération des Romains pour
l'esclavage est l'assimilation complète entre les *collaria ser-
vorum et canum fugitivorum.*

L'inscription, en lettres assez petites lorsqu'elle était longue,
n'occupait que le front. Perdrizet reproduit l'*epigramma* que
l'empereur Théophore (829-842) fit tatouer au front de deux
fanatiques iconolâtres ; elle est composée de douze vers iam-
biques.

Ces inscriptions longues et variées ont été signalées par les
auteurs grecs ou latins. L'inscription d'Epidaure parle des *grammata* ou des *stigmata ;* Martial, dans une épigramme dit : *Splenia
tolle, leges,* ailleurs il désigne un tatouage-inscription : *Quattuor
inscripti portabant vile cadaver ;* Valère-Maxime *(inexpiabili litte-
rarum nota) ;* Sénèque *(inscriptiones frontis) ;* Pline *(inscriptique
vultus exercent)* désigne ainsi un « esclave de marque » ; Plaute
signale un *litteratus* et Juvénal emploie les termes *inscripta
ergastula* qui rappellent les palimpsestes des prisons de Lombroso.
Dans *les Babyloniens,* Aristophane parle des esclaves très tatoués,
polugrammatoi ; Apulée décrit les esclaves occupés au moulin :
Hommunculi vibicibus lividinis totam cutem depicti... frontes

litterati et indique *(Métamorphoses,* VI, 31, 32, et IX, 12) les traitements infligés à l'esclave fugitif qui avait été repris : une première fois, on le marquait au fer rouge aux pieds, aux mains ou au front [1], puis on l'envoyait tourner la meule à l'horrible *pistrinum ;* après récidive, l'aspect de l'esclave était cruellement caractéristique : *Frontes litterati et capillum semirasi et pedes annulati.*

En Grèce, les esclaves seuls étaient soumis à la marque et récevaient le fouet. Les « ingenus » n'étaient condamnés à la flétrissure que s'ils se rendaient coupables de sacrilège, de même les étrangers qui étaient hommes libres.

On marquait spécialement, non tous les esclaves, mais surtout les mauvais, les esclaves marrons [2].

Dans ces conditions de flétrissures si caractéristiques et difficiles à dissimuler, on s'explique que deux personnages peu recommandables comme Pandare et Echédore aient sollicité du dieu de l'Asclépios la disparition de leurs stigmates.

Dans les temples, en effet, on affichait, comme ex-voto, des peintures représentant les guérisons, et il est intéressant de constater que, dans le sanctuaire d'Epidaure, on pratiquait le *détatouage*, mais y réussissait-on ?

Les porteurs de marque ou de tatouage cherchaient à masquer ces empreintes par d'autres cicatrices n'ayant rien d'infamant : c'était une cicatrice ou un tatouage *surajouté, transformé.* On cachait les marques par une bandelette ; les cheveux étaient rabattus sur le front. Aussi, pour éviter ce subterfuge, le stigmate fut placé entre les yeux.

Il y eut des médecins détatoueurs, tels : Cinnamos, Eros, Tryphon et Criton ; la formule de quelques-uns des emplâtres dont ils faisaient usage a été conservée.

Dans leurs ouvrages, Pline, Galien, Dioscoride, Marcellus ont conseillé la renoncule, la mandragore, la fiente de pigeon délayée dans du vinaigre.

---

[1] L'inscription sur le front (marque ou tatouage) est aussi indiquée dans le *Digeste* (II, 4, 1), Plaute *(Cas.,* II, 6, 49), Cicéron *(De Off.,* II, 7), Pline *(Hist. Nat.,* 18,21) et Quintilien.

[2] On leur donnait le surnom de « cerfs ». Quand ils étaient repris on les marquait au type du cerf.

***

Dans l'antiquité, il y a eu d'autres stigmates : les tatouages *professionnels* (soldats, corporation de *fabricenses* ou armuriers, ouvriers d'ateliers ; au v° siècle, les fontainiers de Constantinople), les tatouages des *adeptes ou initiés* de quelques religions.

Le stigmate militaire était dit *regius character*. Les soldats étaient marqués du nom de l'empereur *(nomine imperatoris signantur milites)*. C'est une application du stigmate religieux au culte des empereurs. Aussi, l'un et l'autre stigmate s'inscrivaient sur la main droite du néophyte ou du jeune soldat. C'était un tatouage.

Les *fabricenses*, dont le travail devait être exclusivement consacré à l'Etat, étaient marqués au bras.

De même, les *fontainiers* ou hommes chargés du service des eaux à Constantinople *(hydrophylaces)* furent assimilés à des soldats et tatoués de même *(signo eodem notari præcipimus,* dit un article du Code Justinien).

Il nous reste à donner quelques renseignements sur les *tatouages religieux* des collectivités monothéistes. Rappelons le *signaculum* de la confirmation et la marque du *miles Christi*, le signe de la *Croix* et du *Thau*, qu'un ange, d'après Ezéchiel, avait inscrit, T, sur le front de certains fidèles ; c'est encore un ange qui marque les 144.000 esclaves de Dieu, entourant l'Agneau de l'*Apocalypse*.

Dans ces religions de l'Orient, tous les fidèles, comme des esclaves de Dieu, ont une marque sur la peau, qu'ils gravent d'ailleurs sur leurs maisons ou sur leurs tombes. Ce tatouage est fait soit sur le poignet droit (Syriens catholiques, Coptes), soit au front ou à la main droite, soit sur la cuisse, à la nuque.

Ceci dit, il convient d'insister sur le tatouage chez les Hébreux et la signification du Thau [1].

Les Israélites se tatouaient. Au chapitre XIX du *Lévitique*, verset 28, il est dit : « Vous ne ferez point d'incisions sur votre

---

[1] Rappelons une curieuse mutilation crânienne néolithique, le T *sincipital* décrit par Perrier du Carne et Manouvrier. Consulter J. Déchelette, *Manuel*, t. Ier, p. 481.

chair en pleurant les morts, et vous ne ferez aucune figure ni aucune marque sur votre corps. » Ce n'étaient pas des peintures, mais la pénétration sous la peau de matières colorantes après incision (« *incisura* » en latin, les *Septante* ont traduit « *grammata sticta* ») ; à la même époque, les Egyptiens pratiquaient le tatouage.

Il est parlé dans deux versets d'Ezéchiel du signe Thau :

IX, 4. — « Et le Seigneur m'a dit : J'ai traversé la cité de Jérusalem et j'ai mis le signe Thau sur le front des hommes qui gémissent et souffrent de toutes les abominations qui ont eu lieu dans cette ville. »

IX, 6. — « ...Mais tous ceux auxquels vous verrez le signe Thau, ne les frappez pas et commencez par mon sanctuaire. »

Ce graphisme T représente dans l'archéologie chrétienne, comme l'indique Locard (*Archives*, le Tatouage chez les Hébreux, 1909, t. XXIV, p. 57) le signe d'élection, la marque des prédestinés, le sceau divin. Les objets dédiés au culte de saint Antoine portent le T ; il avait de même figuré sur les vêtements des premiers chrétiens et se trouvait comme ornement sur la crosse des abbés ou des évêques du rite grec.

On s'est demandé si le *Thau* n'était pas la marque sanglante indiquée par l'*Exode* (ch. XII, v. 7) ou le signe de prédestination dont parle saint Jean dans l'*Apocalypse* (VII, 2, 3, 4) : « J'ai vu un ange ayant le signe du Dieu vivant. » Ce T, comme marque du salut, a continué pendant le moyen âge et se trouve reproduit dans diverses manifestations iconographiques.

En résumé, le *Thau*, d'après Locard, est une dérivation asmonéenne ou hébréo-archaïque, d'un caractère hiéroglyphique égyptien ayant la signification de vie divine ou, par interprétation, de choix divin ou d'élection par la grâce. Le *Thau* fut le signe symbolique dont les Juifs, malgré la loi, avaient l'habitude de se tatouer le visage à l'époque de la sortie d'Egypte.

Nous avons dans cette étude, grâce aux progrès de l'archéologie préhistorique et aux recherches modernes de l'érudition grecque et latine, montré l'importance et le rôle du tatouage aux époques les plus reculées de l'Histoire et dans les civilisations méditerranéennes.

Cette marque est un symbole sociologique. Nous distinguons des tatouages *hiératiques* ou *religieux*, des tatouages *totémiques, de famille, de caste, de profession.*

Le tatouage représente une arcane, le signe distinctif d'un clan ou d'une tribu, la preuve de la filiation, d'abord le blason d'une classe élevée et plus tard un signe d'infamie, l'immatriculation dans un service public.

Le tatouage a évolué avec les civilisations et, même de nos jours, il reste la caractéristique des événements importants, reproduisant les faits qui ont eu écho dans les classes populaires. Dans une société rien ne se passe de grand, de vraiment sensationel pour tous qui ne soit bientôt représenté par un tatouage. L'homme met dans sa peau ce qui l'a le plus impressionné. Le tatouage est le reflet d'une forte émotion.

Nous avons montré son rôle et son évolution dans les temps anciens. Il conviendra plus tard de faire voir ce qu'il a été dès le début de l'ère chrétienne à la fin du xviiie siècle.

Lyon. — Imprimerie A. REY, 4, rue Gentil. — 62451

www.ingramcontent.com/pod-product-compliance
Lightning Source LLC
Chambersburg PA
CBHW051345050726
47595CB00006B/2413